LADAINHA

bruna beber

LADAINHA

1ª edição

EDITORA RECORD
RIO DE JANEIRO • SÃO PAULO
2017

CIP-BRASIL. CATALOGAÇÃO NA PUBLICAÇÃO
SINDICATO NACIONAL DOS EDITORES DE LIVROS, RJ

Beber, Bruna
B352p Ladainha / Bruna Beber. – 1ª ed. – Rio de Janeiro: Record, 2017.

ISBN: 978-85-01-0826-5

1. Poesia brasileira. I. Título.

17-38992 CDD: 869.91
CDU: 821.134.3(81)-1

Texto revisado segundo o novo Acordo Ortográfico da Língua Portuguesa.

Direitos exclusivos desta edição reservados pela
EDITORA RECORD LTDA.
Rua Argentina, 171 – Rio de Janeiro, RJ – 20921-380 – Tel.: (21) 2585-2000.

Impresso no Brasil

ISBN 978-85-01-10826-5

Para a bexiga imaginária dos pássaros
Para os minerais de caverna
Para a morfologia vegetal
Para os peixes abissais
Para a Tabacarícia

"Nós estamos sentados numa cadeira procurando mesa
Procurando falatório
Procurando gravar o falatório todo
E eu antes não sabia de nada disso
Isso tudo pra mim é velho
E eu não sabia de nada disso"

Stela do Patrocínio

SUMÁRIO

vidádiva

2 13
3 15
5 17
7 19
11 21
13 23
17 25
19 27
23 29
29 31

canseios

31 35
37 37
41 39
43 41
47 43
53 45
59 47
61 49
67 51
71 53

meu deos

73 57
79 59
83 61
89 63
97 65
101 67
103 69
107 71
109 73
113 75
127 77
131 79

Posfácio: Comer o esqueleto da maçã,
de Eduardo Sterzi 83

Agradecimentos 93

vidádiva

2.

Plantei uma goiabeira
dentro do banheiro
e a cigarra veio
morar comigo

Desde então tomo banho
de óculos, uma sensação
de melancolia molhada
que aprecio

Mas não amo, amor é o que vejo
semear, romper e brotar
da barriga da cigarra
uma parceria:

O canto
é ancestral, adquirido
às vezes peço uma canção
ela não tem ouvidos

Seu olho esbugalhado
de sapo explosivo
o meu inchado
de chorar sem motivo

Estou satisfeita,
mas não devo esperar
nada, é como criar
uma sereia.

3.

Não deu meio-dia
e cabe mais medo na cabeça
que panela em cima da mesa

E esse barulho
é chuveiro quente ou fritura?

São nem quatro da tarde
mas já dói o poente,
o modo, a morte e o mérito

E esse barulho
é ventilador de teto ou pião?

Não é meia-noite
andei a vida inteira
melhor é caminhar

E esse barulho
é chuva ou salva de palmas?

5.

Segredo verdadeiro
é de um só

Faísca dormindo
dentro de galho

Pele descalça
em cima de brasa

Uma fogueira muda
e aos prantos

Mais que isso, talvez,
um amuleto

Que, como tal,
ainda pode ser usado

Sorriso regenerado
depois do abandono

Alguém fugindo
da solidão a pé.

7.

A cabeça mói
é dia corrido
na região do pescoço

Uma gota toca
o primeiro dente
no pingente do cordão

E cai a boca (cheia de terra)
o reboco (nuvens de vão)
o susto (é de madeira)

Quem já fez
de uma pedreira
seu beliche

Não tem medo de veneno
não tem medo de viagem
come o esqueleto da maçã.

II.

Um vento de fervor
picotou os vidros
da janela

Não vai chover, eu vi
eu vi você cuspir de ódio
na cara do pombo

Um segundo vento,
apavorado, recortou a cortina
em lencinhos de partida

Nunca mais vai chover
toma aqui esse chocalho
nunca mais vai chover

O terceiro vento
era um espírito e nós
nos curvamos abraçados.

13.

A densa metade
do invisível
se destaca

No rastro da própria
vontade de mostrar
a língua

Digamos que vi

O canino direito
é de ouro e sabe usar
blusa de meia-estação

É muito comum a batata
da perna ser um bife
espetado no garfo

Quem duvida que é

Ocasional e pode
dobrar os joelhos
ao contrário

Logo deveria bastar
a barriga de brejo
que cresce nas patas

Mas ainda assim

É nas cutículas,
farelos, atrasos
a sua morada.

17.

chamado seguido
alcançado e ladeado
freado, encurralado
enfrentado e açoitado
aproveitado e submetido

perdido
dobrado
sucumbido

tomado obtido
recebido e levado
envolvido, ocupado
abrangido e bifurcado
expandido e vencido

por uma interjeição
de ordem
ao dom:

oxalá puindo a roupa
do distúrbio, velando
como música ambiente,
peneira de catar a vida.

19.

Um velho peixe grudado
ao aquário e perto
de morrer

Tentava conversar
comigo no tempo
de um cigarro

Ato, processo, efeito

Todo dia antes
de dormir enquanto
nos olhávamos

Durante anos
me ensinou
o que não se ensina

A vida

Do jeito que faz
todo amante durante
e até a partida

Repetia o mesmo texto
e se julgava sábio,
o eufemismo de fundo

A vida se aprende.

23.

Teve um dia que parecia muito com esses dias
[que vão chover
eu entrei numa casa e disse se ventar agora eu vou
[morar aqui
floriu; agora é perto dela que eu gosto de passear
não é por nada é que tem uma esquina
com quatro estabelecimentos: um armazém
um posto de gasolina um sobrado e um prédio
feio porque fino e também azulejado que ajuda
a empurrar de pêndulo em pêndulo uma corrente
de vento enlutado, logo, mais vivo; aqui o silêncio
[não é continência
é uma variedade particular que faz parecer que
[as coisas estão perplexas
e estão no tempo de alguns segundos intervalados
[tudo está felizmente parado
exceto os cachorros as crianças e as folhas todo
[o resto usa algum tipo de coleira
a idade é uma delas; eu passeio nessas ruas só porque
[as folhas andam
atrás de mim enquanto eu caminho
(uma delas ficou presa num pedaço de pau, outra
[num poste)
e sempre que algo assim que parece não existir mas
[existe e se revela eu digo olá.

29.

Laura me leva para a água
Não é só assim que somos felizes
Mas aqui somos mais
É bom passar minúsculos
Olhando para uma coisa só
Como se nunca tivéssemos inventado
Uma imagem sequer do futuro
E então ficamos cerca de um minúsculo
Olhando para o mar e fingindo
Que o movimento das ondas
Era parecido com estender lençóis
E quem as estendia éramos nós
Você sabe, a água não para de ser água
E nós não parávamos de tentar
Arrumar o mar, que, não nos incomoda
Ele é um peixe amando outro peixe
Laura gosta de arrumar a cama
Todos os dias, eu desligo o ventilador
Porque a cama é um tipo de mochila
De encosta, de bandeja, de sola de pé
Para os morcegos; prisma ao que gosta
de dormir, balcão ao que gosta de acordar
Não sei explicar mas é como chegar na água
E saber nadar, muito mais ainda assim e por tudo

É sobre conseguir chegar naquilo que eu sou
E cada vez mais perto daquilo que sou com alegria
É uma camisa de força do avesso
Muito boa para o mergulho.

canseios

31.

por qual rio eu vou

chuva

chuva

chuva

chuva

chuva

chuva

cardume cardume cardume cardume de setas

revoada

revoada

revoada

revoada

revoada

por qual mar eu volto

37.

O fogo se desdobra
em fogo e o fogo
vira mais fogo
muito fogo

Até que vira
cinza e a cinza
um monte de cinza
muita cinza vira

Terra e a terra
debaixo da terra
tem mais terra
não acaba até

Aparecer a lâmina
da água
escorrendo
sobrevivente e debaixo

Dessa água talvez mais
água e depois mais
terra e a terra
pega fogo sozinha

Não sinto falta de ar
grande amigo é o vento
acende fogo espalha terra
bota a gente pra dormir.

41.

Vestimenta sisal
almoço janto e ceio
sisal congelado

No café é sisal
enfrento o trânsito
pela ciclofaixa sisal

Durmo no sisal e sonho
com cápsulas de sisal
efervescente

Minha meta é o sisal
e no meu futuro
está lá o sisal

Estarei viva e sisal
quando inventarem
o sisal intravenoso

E com isso espero
fazer mais amigos sisal
em momentos sisalíssimos

Também um filho um filme
etc. uma manifestação
a favor do sisal

Quem eu levaria
para uma ilha deserta?
Você já sabe.

Tenho esta obsessão
não preciso explicá-la
eis um poema sisal.

43.

Sei que não é o momento
mas espere um instante
escrevi a resposta
letra sincera, simulada educação
e cheguei ao final
morrendo de sede

Sei que não é o momento
mas espere, estava deserta
a casa, fiz uma ligação
para povoar a casa,
mas não fui atendida
que bom

Sei que não é o momento
mas aqui do lado tem ferrovia
o trem passa dentro de casa
o trem passou
passou como quem desiste
o trem raramente desiste de passar

E amanhã, amanhã
eu juro, amanhã eu vou
sair de casa
com a carta
pra longe
do trem

Sei que não é o momento
mas a carta não diz nada
demais, é como tudo
depois de tudo
a carta sou eu dormindo
a carta é alguém
jantando no escuro

Sei que não é mas eu digo
e vou dizer na ligação
assim que for atendida
e fui e é sua
a opção de deixar
o telefone no mudo

Sei que ele é quem persevera
célere, enérgico, vivaz
ligo, escrevo, canto, rio
para falar do instante
como este que dividimos agora.

47.

Do jeito que as coisas andam
áridas, sem gelo, pra trás
não vou voltar da rua
trazendo pão

Mas pode ser que o tempo mude
e amanhã eu acorde
com vontade
de fazer um suco

Sofro de dores barítonas
dois dias sem abrir a boca
minha cabeça tá um baile
de ácaros

Não sei pra onde vai aquele trem
mas meu nariz já consegue filtrar
os segredos que as rosas
trocam no vento

É que eu estou de férias
poderia até organizar
um batizado, fingir
que adoro camarão

Se você pensar não é
todo mundo que tem primos, os sisos,
conta no banco e um colchonete
de solteiro pras visitas

Por isso vou fazer o que sempre quis
comprar um caixote fechado de uvas
e passear de caminhão
nas vias proibidas.

53.

De longe eu avisei ao eucalipto
que lá envinha outro eucalipto

Um eucalipto dois eucalipto
sete vinte oitenta eucalipto

Viola violino violoncelo vontrabaixo
mas o que faz falta mesmo é o violão

Florestorquestra cujas raízes do maestro
são gengíbricas mélicas alhovasculares

Afinal pra garganta é muito bão o violão
No corpo eucalipto é melhor que limão

Veucalipto eu vou cantar, eu vou benzer
Veucalipto, eucaliptoráxico, eucaliptoral.

59.

Temporal é diferente
de tempestivo

Uma chuva tempestiva
um homem temporal

Temporal é tempestade
seu sujeito, tempestuoso

Um homem tempestuoso
debaixo da chuva

Tem pressa mas medita
sobre lentilhas quentes

Névoa, orvalho
dilúvio, orgulho

Homem-nevoeiro
adora lentilhas

Espera lentilhamente
a última tempestade.

61.

I

Casa com piscina no deserto
foi vista no mar descendo
de costas pelo rio

Flutuava quando via
do outro lado da parede
a vizinha do térreo

— hoje bela cachoeira
com gruta reversa um dia
já foi dançarina de riacho —

Esfregar os dedos no tanque
e depois jogá-los ao bidê
para acalmar os sapos

II

Uma fogueira passou voando,
assando nuvens, apaixonando
os pássaros: – não foi nada

Deitada no centro de uma
varanda circular, isto é,
deitada em si mesma

Alisava sua imensa baía
e pingava de chuva, respingava
de pedra: – serei um lago?

Depois da sobremesa,
encantada, adormeceu pensando
em comprar taças.

67.

Punhal de enfeite dorme e sonha
sonha e gosta de lembrar pouco
se sabe sobre ele quantas
batalhas se tem coração e a altura

Pluma de cortina desce acanoando
com o vento e espana de lado
arrumadeira com segurança
a queda e é assim que passeia

O punhal de enfeite abraça a pluma
sem vergonha são como água pétrea
a pluma está acordada mas sonha
e no sonho acaricia o metal

Os dois tão fortes e só assim possíveis
e já amigos breve amantes depois namorados
dançam pro vidro do espelho logo atrás dois
maxixes um samba sacudido que pés de valsa

Se eu contar ninguém acredita mas é isso
e isso que esperam do final eu cheguei
bem depois de uma volta inteira
completa, isto é, lenta.

71.

Na escada de incêndio
e sua inseparável
atmosfera de desastre

Um cego
de fones
tira fotos e grita

— Estamos todos juntos!
A rave do fim do mundo
é a mais longa de todas

São lindos os seus olhos
de ouriço, o foco turvejado
a dilatação, a queima

— Toda imagem é uma explosão,
e o que eu quero é criar
memória pros outros

Mas fatal mesmo é o jeito
de mexer as mãos, parece que pinta
longas estradas de terra.

meu deos

73.

Eu os estranho como um velho conhecido
que não chegou a ser amigo, silêncio cheio
de ilusão e mandioca madura

Poemas de corte, de raspagem, de forma
e de detalhamento: ladainha,
o ritmo é raríssimo de se mamar na musa

Quando resolvo dar-lhes nomes
de olhos abertos nunca sei a medida
do bolo, da Terra, da santidade

Meus poemas agora duvidam entre a pedra
marrom e a pedra verde-sabão, de cara vejo
a suspensão confio a tudo que vai passar.

79.

Poder é perigo
e hoje acordei
rindo

Dom é tom
e hoje acordei
rindo

Querer é criatura
e hoje acordei
rindo

Na cara a boca
na pia o prato
sujos de feijão.

83.

Este poema é para o meu rosto
acordar nos braços de um trombone

Vai ser num quarto sem cortinas
a cegueira de quem dormiu na praia

Que o primeiro olhar seja transversal
como o das pessoas usando vassouras

Lentamente levanta um braço
suado e ao mesmo tempo limpo

E faz uma magia pro rosto caminhar
até a porta e tropeçar num taco solto

O espelho que tudo anuncia amaldiçoa
também a maldição e estamos quites

A sobremesa preferida vem a seguir
é o apuro que não tem atalhos

Todo poema carrega um rosto
e nele um susto que nunca passou.

89.

Ser boa estudante apenas por amar
muitas professoras, a bolada na cara
logo depois e quase cair dentro de um poço
mas segurar na borda, lanhar o joelho

A teta na pedra, o rugido da amendoeira,
a dedada no cu do marreco, transformar
a bicicleta em mobilete com copo plástico,
se alimentar só de melancia e mate

Medo de areia movediça, esconder
papel de carta no terreno baldio,
perder um pé do tênis, achar
no ano seguinte e usar

Ser o rebelde atônito que age
em tempos sibilados, acertar o olho
do passarinho e queimar internamente
cada um dos planetas

Ver a gema de um ovo estourar
pela primeira vez e se admirar
com o mar dourado partindo
pra cima do arroz e da farofa

Lembranças.

97.

Escrever é irmão
do andar e primo
do voltar, substitua

No inverno é bom

Escrever com calma
e inventar um cinzeiro flutuante
chegar e sair descalço do poema

No verão bombom

Escrever sempre
o tempo é uma mula elástica em fuga
e se conselho fosse bom

Sair na rua de moletom.

101.

<pre>
                    só
              só   com
        só   com   muito
    só com   muito vento
</pre>

103.

Comum cão comum cão comum
o cão mais comum de chinelo
na boca as orelha mordida
as pata bichada o bicho
dentro do bicho olho
remelento não olho
emocionado

O cão comum o tigre tentou
rancar de mim aquilo tudo
que era tão próximo
o tigre quis levar
tudo de mim
do jeito dele quis
só as coisas comuns

A flor que nasce do alho depois
que o alho já nasceu, a circunstância
e as engenharias circulares dos acordos
diários naturais, a verdade do espírito não
é só do homem não.

107.

É dar de beber à vantagem e se aliar
a veneráveis estátuas de si mesmo,
um desprezo do avesso, isto é, puro
sal imantado de vegetais

É a flauta doce, já quase frita
dentro do nervo auditivo que diz
vamos sem igrejas, vamos lavar
com água o que entendes pelo mal

É o jagunço da própria alma
cuja faca é um pincel bojudo
ao substituir cada olho por pedra
e outra na testa, a outra é livre

É o ramalhete de galhos
que se abre devotado; sabe,
amar as plantas é mais difícil
que amar os animais

As pessoas gostam muito de falar
rosto de farol, ânsia, desejo e morte
elas sentem notável prazer em falar
as pessoas gostam muito de falar de doença.

109.

Viver em espaços enormes aéreos de patinação mental
e reeditar, segundo após segundo, um poço artesiano
sem água onde dizem viver um jacaré e um passante
de beirada de poço artesiano e também o vigia
voluntário que guarda a beirada do poço;

Dedicar dias inteiros à feitura sem culpa
[de precisamente nada,
de vez em quando rezar, o tempo em quantidade
[também passa
em quantidade, uma lâmpada acaba de queimar, ventou
[triste e só balançou
o pompom da cortina, uma folha não caiu e voou
pra cima, é destino?, sabe-se lá quais são os elementos da fé,

mas acredito que a certeza e a invenção lhe equivalem
[em diâmetro,
pensamentos mais largos vão ficando viúvos de
[pensamentos mais meninos
e vez ou outra ocorre aquela deflagração que, refém
de um instante simples, se aproxima de uma total falta
[de brilho
e energia, qual a diferença entre um aviso e um sinal;

Descobrir quem vigia, quem passa, qual é o tamanho
[do poço
para medir o tamanho do jacaré, mas não ser aquele
[que vigia,
ser aquele que passa, espalhar concreto batido no corpo
[e virar o poço,
dar de presente ao poço um desenho de água, cuspir
essa água e nela boiar, todo o tempo cantar, escolher
[o jacaré.

113.

Os motivos são muitos
eles se perdem em filhos
e eu os desejo melhor do que sei
planejá-los em fila consigo prevê-los:
motivo 1, ação 2, reação 3 por que será
que a reação de dizer reação é a primeira
depois de ação, assim os lucros e dividendos,
perdas e ganhos, mistérios da meia-noite, carótida!
A substância e o princípio é sempre perder ou ganhar
O rio que passa no meio dos dois polos fomos ensinados
a secar; mas de vez em quando, como agora,
[não é bom mudar
a poltrona de lugar, mas a cadeira sim; colocar cem gramas
[de farinha na sopa, sentar, babar e esperar, talvez dormir,
[afinal muitos no mundo
diferentes dos outros inesperados: nós e os motivos,
[e o que já se espera nunca sai
como o esperado e a verdade é que, bem, a verdade é
que são muitas verdades também então nada absolutamente
[nada que foi dito ficará;
hoje cedo me peguei pensando em como um dia
[eu ia saber que isso fosse acontecer
e depois de coçar a cabeça respondi perguntando
[algum dia você já soube.

127.

Ando cansada.
Ando cansada da perna
Ando cansada da veia
Ando cansada do pé

É a musculatura, a ossatura
e a fascite plantar. Metatarsalgia,
Neuroma de Morton, rígido hálux

Ando muito devagar. É informação,
é inflamação. E o que não é dedo,
é tornozelo ou calcanhar

Ando muito cansada dos cigarros
que eu fumo porque eles se fumam
sozinhos quando venta.
Ando cansada de pólvora.

131.

Sempre limpo os pés antes de entrar
no sono e aí um frango inteiro lindo
e cru me tira para dançar

O filme é a revolta dos folclores e o mundo
se carameliza em bosta, toda vaca
é gordona e a terra cinza de papel

Os prédios têm mais nome de mulher
que nome de homem, e o azul é o azul
céu do centro-oeste brasileiro

Uma TV a flores ligada
na cena de um mandacaru
nascendo no dedão do pé

Bate aquela vontade de voar
e de descer a escada de barriga
pelo corrimão, cair de cara e morrer

Mas tomar distância num copo de pinga
beber leite pra brincar, depois pinga
depois distância de novo e cantar

A cabeça suja é boa para as coisas
que fazemos em cima dos castanheiros
por exemplo nada, e também um poema.

Poemas de muitas casas, escritos entre janeiro de 2015 e janeiro de 2017. Alguns deles foram gravados pela autora e estão disponíveis para audição em http://brunabeber.com.br/

POSFÁCIO

COMER O ESQUELETO DA MAÇÃ

Eduardo Sterzi

Se as palavras tivessem cheiro (e quem dirá que não têm?), poderíamos farejar nelas o ar do tempo em que surgiram, tentar imaginar a vontade de dizer que fabricamos cada uma delas, entrever nelas suas próprias pegadas – por onde passaram, a que forças serviram, de que forças se libertaram, que forças podem ainda liberar. Palavras são índices históricos: apontam seus longos dedos para os momentos em que algo aconteceu; uma quebra, uma queda, uma perda, a derrocada do existente que, porém, dialeticamente, é condição para a emergência do ainda ignoto, daquilo que pode ser vida nova ou – ninguém jamais sabe ao certo – definitiva destruição. Às vezes, o que aconteceu não para de acontecer, e o perfume (ou fedor) das palavras, ao dar conta dessa persistência e dessa tensão, parecerá contraditório. O cheiro do novo e o cheiro do antigo se misturam, confundem o leitor.

Cheiremos, por exemplo, a palavra *ladainha*, de que Bruna Beber fez o título deste livro. Se vamos a um velho dicionário – o *Vocabulario Portuguez e Latino*, de Raphael Bluteau, por exemplo – encontramos a seguinte definição: "Ladainha. Preces, com que se invocão por ordem os nomes de Deus, & dos Santos, ou com que se fazem breves encomios à Virgem nossa Senhora, ou a alguns mysterios em geral, ou em particular. *Litaniae, arum. Fem. Plur.* Tomou a Igreja do Grego este nome, que significa supplicações." Prossegue Bluteau: "Deriva esta palavra Ladainha, do Grego *Litaneia,* que significa *Rogo,* & por isso estas Ladainhas também se chamão Processão; porque quando se rezão, se fazem Processões [...]." Assinale-se, porém, que, já naquele tempo, a palavra, ao lado do sentido religioso, tinha também um sentido profano: "Ladainha. Toma-se por huma copiosa narração de vários sucessos. *Longa singularium rerum enumeratio,* ou *narratio.*" Por exemplo: "Fez huma grande Ladainha de todos os seus trabalhos: *Omnes quos perpessus est labores, ordine,* ou *longo ordine narravit.*"[1]

Portanto, por um lado, preces, invocações, suplicações; por outro, narração, enumeração. Nesta duplicidade da palavra *ladainha,* é o próprio tempo que se dá a ver, não como mera sucessão – um presente ou futuro profano *versus* um passado religioso –, mas como simultaneidade tensa, geradora de novos significados. O próprio poema, como forma que recusa a simples fluidez da prosa (do tempo que só passa, do tempo sem retorno e sem remorso), torna sensível – legível, visível, audível, tangível – essa sincronia nervosa. Após o título, a palavra *ladainha* aparece num único poema do livro, e não por acaso este consiste precisamente numa reflexão sobre a própria poesia, ou, melhor dito, sobre os próprios poemas:

---

1 Raphael Bluteau. *Vocabulario Portuguez e Latino.* v. 5. Coimbra: Collegio das Artes da Companhia de Jesus, 1728. p. 15-16.

Eu os estranho como um velho conhecido
que não chegou a ser amigo, silêncio cheio
de ilusão e mandioca madura

Poemas de corte, de raspagem, de forma
e de detalhamento: ladainha,
o ritmo é raríssimo de se mamar na musa

Quando resolvo dar-lhes nomes
de olhos abertos nunca sei a medida
do bolo, da Terra, da santidade

Meus poemas agora duvidam entre a pedra
marrom e a pedra verde-sabão, de cara vejo
a suspensão confio a tudo que vai passar.

O que primeiro salta à vista, neste poema, é o *estranhamento* de que se fala já no *incipit* – estranhamento entre a autora e os seus poemas – e que, em alguma medida, se faz sintaticamente perceptível na inicial substituição de "meus poemas" (expressão que só aparecerá, como tal, na quarta e última estrofe) pelo pronome "os" ("Eu *os* estranho"). Declara-se a estranheza, produz-se um símile em que essa estranheza se revela feita de anterior familiaridade, familiaridade, por sua vez, relativizada em seguida ("como um velho conhecido / que não chegou a ser amigo"), desdobra-se este primeiro num segundo símile mais enigmático ("silêncio cheio / de ilusão e mandioca madura"). A "mandioca madura" soaria quase como uma nota surrealista, se não pudéssemos remetê-la a toda uma série de objetos e, sobretudo, de palavras recorrentes na poesia de Bruna Beber, que presentificam justamente uma familiaridade de velhos conhecidos que às vezes são amigos, às vezes não: podem se revelar, para glosar ainda os termos do poema, formas de silêncio e ilusão, formas de inscrição de um passado não pacificado (isto é, ainda vivo, ainda inquietante) no presente, formas de permanente estranhamento.

Há, no seu livro imediatamente anterior, *Rua da padaria*, um poema que nos diz dessa estranheza, e que já pode ser lido, do ponto de vista formal, como uma ladainha laica, enumeração e invocação:

> tudo tem barulho de mar
> enceradeira isopor carro
> em movimento aerosol
> espirro pistola moeda
>
> telha bombardeio cigarro
> queimando pia degradê
> câimbra inseto monge
> sua vizinha o futuro
>
> tem barulho de mar
> na camiseta no quadro
> chinelo aeroporto gaiola
> panela caverna birita

beijo tem biblioteca
também um curió bola
de chiclete sobretudo
um dinossauro alado

tem mar de todo tipo
de barulho e dentro
de cada mar um ralo
entupido de cabelos[2]

À primeira vista, signos como "enceradeira" e "isopor", ou ainda a "pia degradê", podem ser interpretados como figuras de nostalgia, a apontar para uma experiência marcada por um certo deslocamento com relação às formas centrais da contemporaneidade urbana, deslocamento este que é tanto temporal – em direção a uma ideia de infância – quanto espacial – em direção a uma imagem de subúrbio ou periferia. Noutro poema do mesmo livro, lê-se que "a corda da distância / tem tamanho infinito".[3] A poesia de Bruna Beber não faz questão de ser *up-to-date*, muito pelo contrário. Elabora para si mesma, o tempo todo, como ambiência preferencial, algo como uma *pré-história*, imagem do que teria acontecido antes que nos acontecesse o que acontece agora. Outro poema, ainda de *Rua da padaria*, nos permite reler em toda sua força e alcance a afirmação de

2 Bruna Beber. "molhar as plantas". In: *Rua da padaria*. Rio de Janeiro: Record, 2013. p. 19.
3 Idem, "o mutismo", p. 49.

que "tudo tem barulho de mar": "o pão tem 6 mil / anos mas o mar / tem mais".[4] E não nos esqueçamos do belo desfecho de "maquete":

> tudo na vida vira poeirinha
> fessora poeirinha em alto
> mar meu pai que disse.[5]

O que se faz cifrar aí, nessa proposição de uma extrema antiguidade do mar que o torna também uma forma do futuro, nessa fórmula de uma preexistência que é também anúncio de destruição? A obra de Bruna Beber, no seu conjunto, pode ser vista, à luz deste livro, como uma longa ladainha profana na qual se enumeram e invocam objetos característicos de um tempo perdido, tão mais perdido à medida que se inscreve fantasmaticamente, como nostalgia e desaceleração, na velocidade do tempo presente. Mas, paradoxalmente (e no paradoxo talvez esteja a singularidade da perspectiva poética aqui mobilizada), essa ladainha também canta o presente como elemento perturbador de qualquer ideia de eternidade. Para lembrar uma formulação já citada: "dentro / de cada mar um ralo / entupido de cabelos". Daí o "ritmo [...] raríssimo de se mamar na musa" (sendo o ritmo a própria forma do compromisso do poema com o tempo, com todos os tempos que atravessam o poema). Daí a dificuldade de

---

4 Idem, "escorrego de chão", p. 61.
5 Idem, "maquete", p. 59.

saber "a medida" ("do bolo, da Terra, da santidade" – mas, antes, do próprio poema). Daí a reivindicação da dúvida com relação a toda forma de fixidez ("Meus poemas agora duvidam entre a pedra / marrom e a pedra verde-sabão") e a confiança apenas no deslizamento e no fluxo ("de cara vejo / a suspensão confio a tudo que vai passar").

É, de fato, constante na poesia de Bruna Beber a presença decisiva de um resíduo de algo que se perdeu ou que está se perdendo, quase sempre um resíduo de comunidade num mundo que, planetarizando-se, globalizando-se por efeito da informática e da circulação desenfreada do capital financeiro, já vira as costas para as velhas formas de sociabilidade para melhor mergulhar pessoas e coisas num brutal isolamento: o sonho – com tudo que há de inquietante nos sonhos – de uma vida familiar, que, generosamente, não se encerra em si, mas abrange a vizinhança e a rua. Porém, mesmo nesse sonho, a vida comunitária não deve ser vista como simples antídoto contra a violência do mundo; por vezes, é justamente por meio da violência, seja concreta ou simbólica, que a comunidade existe e persiste como tal – veja-se, por exemplo, a malhação de Judas, que aparece num poema de *Rua da padaria* como uma espécie de apogeu e súmula das brincadeiras infantis do subúrbio carioca e da Baixada Fluminense.[6]

Em *Ladainha*, esse resíduo se faz mais escasso, ou mais transposto. Significativamente, ao mesmo tempo, neste

6 Idem, "malhar o judas", p. 63.

livro, há uma estranheza nova que, salvo engano, pelo menos com essa extensão, não se encontrava nos livros anteriores, e que passa por colocar a própria língua em estado de incerteza – por exemplo, esvaziando uma palavra dos seus significados habituais. É o que Bruna Beber faz com o substantivo *sisal* num dos poemas de *Ladainha*, criando uma enumeração que passa por um "sisal congelado", por uma "ciclofaixa sisal", pelo "sisal efervescente", pelo "sisal intravenoso", entre outras ocorrências anômalas. O próprio poema se torna "um poema sisal". Podemos lembrar, a propósito, a capa de *Rua da padaria*, precioso trabalho gráfico, verdadeira tradução visual do texto do livro, que nos colocava diante da reprodução fotográfica de uma embalagem em papel rosa daqueles usados em padarias e outros estabelecimentos comerciais tradicionais; num primeiro contato, podíamos ver aí uma figura de nostalgia, de um encerramento no passado que a pequena tira de fita adesiva transparente (durex) no centro da capa apenas reforçava, embora, ao mesmo tempo, já expusesse toda a fragilidade desse encerramento; porém, ao virarmos o livro, deparávamos, na quarta capa, com um pedaço de barbante desamarrado, isto é, com um pedaço de "sisal" que nos falava já de um passado que se abre. Aqui, em *Ladainha*, essa abertura se encontra na escolha de não dar títulos aos poemas, mas apenas enumerá-los com a sequência dos 32 primeiros números primos (fugindo à simples infinitude dos números naturais, aspirando a uma infinitude ainda não de todo mapeada). Também o alargamento dos versos, na terceira e última seção do livro, parece apontar para uma vontade de ilimitação, por mais que o verso seja inevitavelmente limitado (ou não seria verso). A prevalência do *enjambement* na versificação de Bruna Beber, acirrada neste livro, também pode ser interpretada como condizente com esse desejo de, digamos, ganhar mundo com as palavras.

Tal desejo pode ser visto em contraste com a presença pronunciada da morte em vários dos poemas de *Ladainha*; por exemplo: "São nem quatro da tarde / mas já dói o poente, / o modo, a morte e o mérito". Os símiles passam frequentemente por esse namoro com a negatividade mais funda: de um "amante", pode-se dizer que é como "um velho peixe grudado / ao aquário e perto / de morrer". A vida mesma aparece como um "eufemismo", para que não se diga mais uma vez a morte – que, no entanto, não para de se redizer. A boca está agora "cheia de terra" – e, mesmo assim, canta. O contraste entre desejo e morte talvez seja, antes, continuidade. Cantar a nossa ladainha é uma forma de sobreviver:

> Quem já fez
> de uma pedreira
> seu beliche
>
> Não tem medo de veneno
> não tem medo de viagem
> come o esqueleto da maçã.

AGRADECIMENTOS

Aos que acolheram a composição desta ladainha

Lucas, Daniel, Luiza, Elisa, João, Fabrício, Omar,
Thiago, Kelcia, Júlia, Letícia e João Pedro
pelas mudas, trocas e alturas.

À Gleide pela terra e ao Marco pelo ar.

À Laura por todos os dias.

Oxalufã, Oxaguiã, São Jorge, Iansã, São Miguel Arcanjo,
Oxóssi, às rosas brancas, às crianças e aos velhos,
pelo que não se descreve, salve.

Este livro foi composto na tipologia Centaur
MT Std, em corpo 13/16, e impresso em
papel off-white no Sistema Cameron
da Divisão Gráfica da Distribuidora Record.